AF315397

Succession de Feu M. A***

Quatrième Vente

CATALOGUE

DE

MÉDAILLES ET MONNAIES

ANCIENNES ET MODERNES

DONT LA VENTE AUX ENCHÈRES PUBLIQUES AURA LIEU

HOTEL DROUOT, SALLE N° 2

Le Vendredi 29 Juin 1888

A DEUX HEURES PRÉCISES

Par le ministère de **M° Léon BANCELIN**, Commissaire-Priseur,

Rue de la Grange-Batelière, 18

Assisté de **M. ROLLIN et FEUARDENT**, Experts,

Rue de Louvois, 4

PARIS — 1888

CONDITIONS DE LA VENTE

—

Elle sera faite au comptant.

Les Acquéreurs paieront CINQ POUR CENT en sus des enchères, applicables aux frais.

Les Lots pourront être divisés ou réunis.

DÉSIGNATION

MONNAIES D'OR

MÉDAILLES GRECQUES

ALEXANDRE

1. — Buste, à droite, de Minerve. ℞. Victoire apportant une couronne. ΑΛΕΞΑΝΔΡΟΥ. Statere. OR. B.

CARTHAGE

2. — Buste, à gauche, de Cérès. ℞. Le Cheval numide. Statere Electrum. B.

3. — Deux médailles grecques fausses.

GAULOISE

4. — Sou d'or concave des Atrébates. OR. B.

MÉDAILLES ROMAINES EN OR

CÉSAR

5. — Buste de la Piété, à droite, C. CÆSAR. COS. ITER. ℞. A. HIRTIVS. PR. Instruments de sacrifices. OR. B.

TIBÈRE

6. — TI. CÆSAR. DIVI. AVG. F. AVGVSTVS. Buste lauré, à droite. ℞. PONTIF. MAXIM. Livie assise. OR. T.B.

7. — Même pièce. OR. B.

NÉRON

8. — NERO CÆSAR. AVG. IMP. Tête nue, à droite. ℞. PONTIF. MAX. TRP. VII. COS. IIII. P. P. EX. S. C. Rome debout, à droite, tenant un bouclier. OR.

VESPASIEN

9. — IMP. CÆS. VESP. AVG. P. M. COS. IIII. Sa tête laurée, à droite. ℞. VIC. AVG. Victoire sur un globe debout, à droite. OR. B.

TITUS

10. — T. CÆSAR. IMP. V. VESPASIANVS. Buste, à droite. ℞. TR. POT. VIII. COS. VII. Vénus debout tenant un sceptre et un casque. OR.

DOMITIEN

11. — CÆSAR. AVG. F. DOMIT. COS. III. Buste, à droite, lauré. ℞. PRINCEPS. INVENT. L'Espé·· rance. OR.

TRAJAN

12. — IMP. TRAIANO. AVG. GER. DAC. P. M. TR.P. Buste, à droite. ℞. COS. V. P. P. S. P. Q. R. OPTIMO. PRINC. Cérès debout, à gauche. OR. B.

13. — IMP. CÆS. NER. TRAIANO OPTIM. AVG. GER. DAC. PARTHICO. Buste lauré et drapé, à droite. ℞. PARTHIA. CAPTA. P. M. TR. P. COS. VI. P. P. SPQR. Trophée. OR.

14. — Même légende et même buste. ℞. P. M. TR. P. COS. VI. P. P. SPQR. Génie debout tenant des épis. OR.

15. — IMP. CÆS. NER. TRAIANO. OPTIMO. AVG. GER. DAC. Son buste lauré, à droite. ℞. VOTA. SVSCEPTA. P. M. TR. P. COS. VI. P. P. S. P. Q. R. L'Empereur et un génie sacrifiant sur un autel. OR. B.

TRAJAN et PLOTINE

16. — DIVO TRAIANO PARTH. AVG. PATRI. Buste, à droite. ℞. PLOTINÆ AVG. Buste de Plotine, à droite. OR. TB. ·

HADRIEN

17. — HADRIANVS. AVG. COS. III. P. P. Tête nue, à gauche. ℞. ADVENTVS AVG. L'Empereur debout, à gauche, donnant la main à la ville de Rome. OR. B.

18. — Même légende, son buste nu drapé, à droite. ℞. ADVENTVI AVG. ITALIÆ. L'Empereur et l'Italie sacrifiant sur un autel. OR.

19. — HADRIANVS. AVGVSTVS. P. P. Son buste drapé et lauré, à droite. ℞. COS. III. L'Empereur à cheval, à droite. OR. B.

20. — HADRIANVS. AVGVSTVS. Son buste drapé et lauré, à droite. ℞. COS. III. L'Empereur à cheval, à droite. OR. B.

21. — IMP. CÆSAR. TRAIAN. HADRIANVS AVG. Son buste lauré, drapé et cuirassé, à droite. ℞. FORT. RED. P. M. TR. P. COS. II. La Fortune assise, à gauche. OR. B.

22. — Même pièce. OR.

23. — HADRIANVS. AVG. COS. III. P. P. Sa tête nue, à droite. ℞. L'Empereur à cheval, à droite. OR. B.

24. — Même légende et même buste. ℞. Le Tibre couché, à droite. OR. B.

ANTONIN

25. — ANTONINVS. AVG. PIVS. P. P. TR. P. XII. Sa tête
laurée, à droite. ℞. COS. IIII. L'Équité debout,
à gauche. OR. B.

26. — ANTONINVS. AVG. PIVS. P. P. TR. P. COS. IIII. Sa
tête nue, à droite. ℞. Rome assise, à gauche.
OR. B.

FAUSTINE Mère

27. — DIVA. AVG. FAVSTINA. Son buste, à droite.
℞. ÆTERNITAS. L'Éternité debout, à gauche.
OR. TB.

28. — DIVA. FAVSTINA. Son buste, à droite. ℞. Le
même. OR. B.

29. — DIVA. FAVSTINA. Son buste, à droite. ℞.
AVGVSTA. Cérès tenant un sceptre et un flam-
beau. OR. B.

30. — DIVA FAVSTINA. Même buste. ℞. CONSECRATIO.
Paon marchant, à droite. OR. B.

MARC-AURÈLE

31. — IMP. CÆS. M. AVREL. ANTONINVS. AVG. Sa tête
nue, à droite. ℞. CONCORDIÆ AVGVSTOR. TR .P. XV.
COS. II. Marc Aurèle et Verus se donnant la
main. OR. B.

32. — M. ANTONINVS AVG. TR. P. XXII. Son buste lauré et drapé, à droite. ℞. FELICITAS. AVG. COS. III. La Félicité debout, à gauche. OR. TB.

33. — ANTONINVS. AVG. ARMENIACVS. Son buste lauré, cuirassé, à droite. ℞. P. M. TR. P. XIX. IMP. II. COS. III. Victoire écrivant sur un bouclier : VIC. AVG. OR. TB.

34. — IMP. CÆS. M. AVREL. ANTONINVS. AVG. Son buste lauré, drapé et cuirassé, à droite. ℞. PROV. DEOR. TR. P. XV. COS III. La Providence debout, à gauche. OR. B.

35. — M. ANTONINVS. AVG. ARM. PARTH. MAX. Son buste lauré, drapé et cuirassé, à droite. ℞. TR. P. XXI. IMP. IIII. COS. III. La Victoire marchant, à gauche. OR. B.

36. — AVRELIVS CÆSAR AVG. PII. F. Son buste nu, drapé à droite. ℞. TR. POT VIII. COS II. Rome debout, à gauche. OR. B.

37. — Même pièce. OR. B.

FAUSTINE Jeune

38. — FAVSTINA. AVGVSTA. Son buste nu, drapé à droite. ℞. SALVTI AVGVSTÆ. La Santé assise à droite. OR. B.

39. — FAVSTINA AVG. PII. AVG FIL. Son buste nu et drapé à droite. ℞. VENVS. Vénus à gauche, tenant une pomme. OR. B.

LUCIUS VÉRUS

40. — IMP. L. AVREL. VERVS. AVG. Son buste nu à droite, avec l'égide. R⁄. CONCORDIA AVGVSTOR. TRP II. COS II. Marc Aurèle et Lucius Vérus se donnant la main. OR. TB.

41. — IMP CAES. L. VERVS AVG. Son buste nu, drapé à droite. R⁄. SALVTI. AVGVSTOR TR. P III. COS II. La Santé debout, à gauche, nourrissant un serpent. OR. B.

42. — L. VERVS. AVG. ARMENIACVS. Sa tête nue, à droite. R⁄. TR. P IIII. IMP II. COS II. Victoire debout, à droite, écrivant VIC AVG. sur un trophée. OR. B.

43. — L. VERVS AVG. ARM. PARTH. MAX. Sa tête laurée à droite. R⁄. TR. P. V. IMP. III. COS II. L'Empereur sur un cheval au galop, foulant aux pieds un vaincu. OR. TB.

VALENTINIEN Ier

44. — D. N. VALENTINIANVS. P. F. AVG. Son buste diadémé, drapé et cuirassé, à droite. R⁄. RESTITVTOR. REIPVBLICAE. L'Empereur debout, tenant le labarum et un globe surmonté d'une victoire. OR. B.

45. — Même pièce, percée d'un trou, OR.

HONORIUS

46. — D. N. HONORIVS P. F. AVG. Son buste diadémé, à droite. R⁄. VICTORIA AVGGG. L'Empereur foulant aux pieds un captif. Et un quinaire de Valentinien III. OR. B. 2 pièces.

———

EMPIRE D'ORIENT

ARCADIUS

47. — D. N. ARCADIVS P. F. AVG. Son buste diadémé et drapé, à droite. R⁄. VICTORIA AVGGG. L'Empereur foulant aux pieds un captif. OR. B.

THÉODOSE II

48. — Buste de face. R⁄. Rome assise, sou d'or. Buste de profil. R⁄. L'Empereur foulant aux pieds un captif. Sou d'or. 2 pièces.

MARCIEN

49. — Buste de face. R⁄. La Victoire portant une croix. Sou d'or.

ANASTASE

50. — Un sou d'or et trois tiers de sous. 4 pièces.

JUSTIN

51. — Tiers de sou.

JUSTINIEN

52. — Sou d'or, 2 pièces.

CONSTANT II

53. — Son buste de face. ℞. Constantin Pagonat,
Héraclius et Tibère. Sou d'or.

CONSTANTIN V et LÉON IV

54. — Sou d'or.

ROMAIN III (Argyre)

55. — ℞. Le Christ. Sou d'or.

CONSTANTIN XII (Monomaque)

56. — ℞. Le Christ. Sou d'or concave.

MONNAIES FRANÇAISES

—

MONNAIES D'OR

Les N[os] cités sont ceux de l'ouvrage de M. Hoffmann

PHILIPPE VI

57. — *Ecu* (3). 4 pièces.

58. — *Double royal* (11). 1 pièce.

JEAN II

59. — *Ecu* (1). 1 pièce.

60. — *Mouton* (3). 10 pièces.

61. — *Cavalier* (10). 3 pièces.

CHARLES V

62. — *Franc à pied* (2). 19 pièces.

CHARLES VI

63. — *Ecu* (1). 23 pièces.

HENRI VI

64. — *Salut* (3). 2 pièces.

CHARLES VII

65. — *Ecu* (2). 11 pièces.

66. — *Royal* (9). 4 pièces.

LOUIS XI

67. — *Ecu* (4) et un *demi-écu* (5). 3 pièces.

CHARLES VIII

68. — *Ecu de Bretagne* (7). 7 pièces.

69. — *Ecu* (2). 9 pièces.

LOUIS XII

70. — *Ecu* (1). 20 pièces.

71. — *Ecu au Porc-épics* (6). 3 pièces.

FRANÇOIS Ier

72. — *Ecu* (4). 36 pièces.

73. — *Ecu* (2). 4 pièces.

74. — *Ecu à la croisette* (12). 3 pièces.

75. — *Ecu du Dauphiné* (19). 10 pièces.

76. — *Ecu du Dauphiné, variété* (20). 2 pièces.

77. — *Ecu du Dauphiné, variété* (23). 1 pièce.

78. — *Ecu du Dauphiné, variété* (22). 1 pièce.

79. — *Ecu du Dauphiné, variété* (18). 1 pièce.

HENRI II

80. — *Henri d'or* (27). 1 pièce.

CHARLES IX

81. — *Ecu d'or* (3). 14 pièces.

82. — *Demi-écu d'or* (2). 1 pièce.

HENRI III

83. — *Ecu d'or* (4). 4 pièces.

LOUIS XIII

84. — *Ecu d'or* (4). 7 pièces.

85. — *Louis* (22). 1 pièce.

86. — *Demi-louis* (24). 9 pièces.

LOUIS XIV

87. — *Louis*. Buste enfantin, premier type (4). 2 pièces.

88. — *Demi-louis*, même type (8). 3 pièces.

89. — *Louis*. Buste enfantin, à la mèche longue (11). 8 pièces.

90. — *Demi-louis*, même type (13). 1 pièce.

91. — *Louis*. Buste juvénil (24). 1 pièce.

92. — *Louis*, même type, lauré (22). 2 pièces.

93. — *Louis*. Buste Sénior. ℞. Huit L aux insignes (36). 2 pièces.

94. — *Louis*, aux quatre L et aux quatre lys (33). 2 pièces.

95. — *Louis à l'écu de France* (29). 1 pièce.

96. — *Double louis*, aux huit L (41). Buste Sénior. 1 pièce.

97. — *Louis*. Mêmes types. 4 pièces.

LOUIS XV

98. — *Double louis de Noailles* (6). 3 pièces.

99. — *Louis aux lunettes* (16). 3 pièces.

100. — *Demi-louis aux lunettes* (17). 2 pièces.

101. — *Louis*, aux deux L couronnées (11). 1 pièce.

102. — *Louis*, dit Mirliton (14). 3 pièces.

103. — *Louis*, au bandeau (19). 1 pièce.

LOUIS XVI

104. — *Louis* de France et Navarre, à l'écu carré (6). 3 pièces.

RÉPUBLIQUE

105. — *Louis* au Génie. 1 pièce.

106. — *20 francs* de Marengo, an IX et X. 6 pièces.

NAPOLÉON, Premier Consul

107. — *20 francs*. 2 pièces.

NAPOLÉON Ier, Empereur

108. — Essai en or du *5 francs* de 1807. 1 pièce.

LOUIS, Roi de Hollande

109. — *Ducats* au guerrier et à l'écu. 4 pièces.

JOSEPH, Roi d'Espagne

110. — Pièce de *80 réaux*. 1 pièce.

JÉROME NAPOLÉON

111. — Pièce de *5 thalers* et pièce de *5 francs* en or. 2 pièces.

NAPOLÉON III

112. — Pièce commémorative de l'Exposition de 1867. 1 pièce.

RÉPUBLIQUE ITALIENNE

113. — Pièce de *40 francs* de Milan. 1 pièce.

MONNAIES SEIGNEURIALES

ARLES

114. — Etienne de la Garde. *Florin*. 1 pièce.

ORANGE

115. — Raymond III. *Florin*. 3 pièces.

MONNAIES ÉTRANGÈRES

SAVOIE

116. — Amédé VIII. *Sequin.* 1 pièce.
117. — Charles-Emmanuel III. Type de l'Annonciation. *Demi-louis.* 1 pièce.

PHILIPPE-LE-BON

118. — *Ecu* pour la Hollande. *Lion* pour le Hainant. 2 pièces.

MAXIMILIEN

119. — *Demi-noble.* 1 pièce.

ANGLETERRE

ÉDOUARD III

120. — *Noble à la rose.* 3 pièces.

ALLEMAGNE

MARIE-THÉRÈSE

121. — Trois pièces, une très grande.

122. — **Silésie, Salzbourg, Nuremberg.** 5 pièces.

123. — *Florin* des évêchés des bords du Rhin : **Cologne, Trèves, Bonn, Mayence,** etc. 13 pièces.

———

HOLLANDE

124. — **Utrecht, Gueldres,** etc. 9 pièces

———

HONGRIE

125. — *Ducats.* 5 pièces.

———

ITALIE

MILAN

126. — **Philippe - Marie Visconsti.** *Cavalier.* 2 pièces.

FLORENCE

127. — *Florin.* 4 pièces variées.

128. — **Léopold.** *Doppia.* 1 pièce.

VENISE

129. — La Justice assise, anno VIII. *Osselle.* 1 pièce.

130. — **Michel Steno, Fr. Foscari, Ant. Venerio.** *Sequin.* 4 pièces.

131. — **Louis Moncenigo, And. Contarini, Louis Manin.** *Sequin.* 5 pièces.

ROME

132. — **Pie VI. Lucques, Zurich.** 3 pièces.

———

ÉTATS-UNIS

133. — *5 Dollars. 1800.* République de l'Equateur. 2 pièces.

———

ESPAGNE

134. — *Florin* d'Aragon. Ferdinand, roi de Majorque; Ferdinand et Isabelle, roi de Castille. 3 pièces.

135. — Jeanne et Charles, Philippe II. 2 pièces.

136. — **Philippe II,** Milan. *Ecu* de Gueldre. 2 pièces.

PORTUGAL

137. — **Jean II.** *Florin* Saint-Vincent. **Sébas-
tien Ier.** *Ecu.* **Marie et Pierre.** 3 pièces.

<hr>

138. — **Philippe II, Louis Manin.** 3 pièces.

139. — Six petites Pièces d'or. **Napoléon,
Louis XVIII, le Duc de Berry, etc.**

140. — Deux Pièces fausses. **Septème, Sévère,
Claude II.**

<hr>

MONNAIES & MÉDAILLES D'ARGENT

MÉDAILLES
GRECQUES ET ROMAINES

141. **Alexandre le Grand, Antiochus VII, Antiochus XI.** 4 pièces tétradrachmes.

142. **Macédoine** (Aesilas), **Ptolémée Ier, Ptolémée X** et une pièce d'Antioche. 5 pièces tétradrachmes.

143. **Tarente, Thurium, Velia, Rhodes, Cnide,** etc. 10 pièces didrachmes.

144. **Gaule, Espagne, Alexandre le Grand,** etc. 15 pièces drachmes et divisions.

145. Lot de 16 monnaies consulaires. AR.

146. Lot de 51 monnaies impériales. Haut-Empire. AR.

147. Lot de 21 monnaies. Haut-Empire. Billon.

148. Lot de 10 monnaies grecques et romaines fausses. AR.

MONNAIES FRANÇAISES
EN ARGENT, ETC.

149. **Charlemagne, Saint Louis, Philippe III, Philippe IV, Jean II, Charles VI,** etc. *Denier* et *gros*. 13 pièces.

150. **François Ier, Henri II.** *Testons*. 8 pièces.

151. **Charles IX.** *Testons, demi-teston*. 5 pièces.

152. **Henri III.** *Francs, testons* et *demi-teston*. 7 pièces.

153. **Henri IV.** *Quart d'écu* et *teston*. 2 pièces.

154. Lot de 166 pièces : *Testons, demi-testons, francs* et divisions, *quarts* et *huitièmes d'écu* des règnes précédents. Pièces de mauvaise conservation.

155. Lot de 119 pièces aux mêmes types.

156. **Louis XIII.** *Demi-écu, quarts* et *douzièmes d'écus* et *testons.* 22 pièces.

157. **Louis XIV.** *Écu* au buste enfantin et ses divisions. 11 pièces.

158. — *Écus* et divisions avec le buste senior, etc. 14 pièces.

159. **Louis XV.** *Écus* et divisions. Îles du Vent, etc. 11 pièces.

160. **Louis XVI.** *Écus* et divisions, les deux types. 12 pièces.

161. Lot de *grands écus* de **Louis XIV, Louis XV Louis XVI,** mal conservés. 30 pièces.

162. Même lot. 32 pièces.

163. Lot de *demi-écus* et divisions de **Louis XIII** à **Louis XVI.** 75 pièces.

164. Même lot. 101 pièces.

165. **République** de 1793. *Écus* avec l'ange debout. 3 pièces.

166. — Monnerons et autres monnaies de confiance. 5 pièces.

167. **Républiques étrangères, Pays-Bas, Gaule subalpine,** etc., *Écus et demi-écu.* 5 pièces.

168. **Napoléon Ier,** Consulat et Empire, 5 *francs* et divisions. 12 pièces.

169. **Marie-Louise.** 5 *francs, demi-franc* et *quart de franc.* 3 pièces.

170. **Louis-Napoléon.** *Écus.* 2 pièces.

171. **Joseph-Napoléon.** *Écu de* 20 *réaux.* 3 pièces.

172. **Félix et Élisa.** 1 *franc.* 3 pièces.

173. Ile de France. 10 *livres.* 3 pièces frustes.

174. **Les Alliés,** 1814, module de 2 *francs.* **Henri V,** 5 *francs,* 1 *franc* et 50 *centimes.* 4 pièces.

175. **Louis - Philippe.** 5 *francs* et divisions. 15 pièces.

176. **Napoléon III, République,** etc. 2 *francs* et divisions. 19 pièces.

177. Lot de 38 *écus* : République, Famille de Napoléon, etc., mal conservés.

178. — Pièces de 2 *francs* et divisions, mal conservés. 60 pièces.

179. **M. Thiers.** Pièce de 5 *francs,* essai fait en Belgique.

180. Lot de monnaies seigneuriales, argent et billon. 195 pièces.

MONNAIES ÉTRANGÈRES
EN ARGENT, ETC.

181. Lot de *grands écus.* 40 pièces.

182. Même lot. 40 pièces.

183. Même lot. 40 pièces.

184. Même lot. 23 pièces.

185. Lot de *demi-écus* et divisions. 83 pièces.

186. Même lot. 118 pièces.

187. Un grand lot de monnaies de billon françaises et étrangères.

188. Lot de monnaies de cuivre romaines, françaises et étrangères.

GRANDES
MÉDAILLES ARTISTIQUES

189. **Louis XII et Anne de Bretagne**. Grande médaille faite à Lyon en 1499. FELICE LVDOVICO, etc. Buste du roi, à droite, dans un champ orné de fleurs de lys. R̨. LVGDVN, etc. Buste, à gauche, de la reine dans un champ mi-partie fleurs de lys et Bretagne. Cette épreuve bien ancienne, est très belle du côté de la reine, malheureusement le bas de la figure du roi a été martelé. Diam. 103ᵐᵐ. BR.

190. **Henri IV et Marie de Médicis.** Bustes accolés du roi et de la reine. R̨. PROPAGO. IMPERI. Le roi et la reine se donnant la main (Dupré). BR.

191. — Même pièce (Dupré). Bronze doré.

192. **Louis XIII** (Dupré). Buste du roi. R. La Justice (1623). BR.

193. **Louis XIII.** D.O.M. S. LVDOVICO, etc. Légende en dix lignes. BR.

194. **Louis XIV.** Huissier du Grand Conseil. Bronze doré.

195. **Louis XVI.** Loterie royale. BR.

196. **Saint Charles Borromée.** Bronze doré.

MÉDAILLES FRAPPÉES

197. Lot de 10 grandes médailles françaises et étrangères. AR.

198. Lot de 10 médailles, grand et moyen module. AR.

199. Lot de 20 pièces, grand, moyen et petit modules. AR.

200. Lot de 25 pièces, moyen module. AR.

201. Lot de 60 pièces, moyen et petit module. AR.

202. Plusieurs lots des mêmes médailles en bronze et étain.

203. Lot de 60 jetons français, Louis XIV, Louis XV et Louis XVI. AR.

204. Lot de 60 jetons français, Louis XIV, Louis XV et Louis XVI. AR.

205. Lot de 61 jetons français, Louis XIV, Louis XV et Louis XVI. AR.

206. Lot des mêmes jetons. Cuivre.

207. Médaillier en acajou avec 8 tiroirs. Longueur, 0^m53; largeur, 0^m37; hauteur, 0^m25.

208. Autre médaillier également en acajou avec 18 tiroirs. Longueur, 0^m61: largeur, 0^m35; hauteur, 0^m76.

209. Plusieurs lots de Médailles en soufre, plâtre. Cartons pour médailles, etc.

A. MAULDE et Cie, imprimeurs de la Cie des Commissaires-Priseurs, rue de Rivoli, 144.   500—88770